엄마와 딸의

화양연화

엄마와 딸의 화양연화

초판 1쇄 발행 2023년 11월 1일

글 백서연
그림 박민우

편집 백서연 | **디자인** 201디자인 | **마케팅** 정희열
펴낸이 백서연 | **펴낸곳** 와이큐북 | **등록** 2021.4.15. 제2022-000251호
주소 서울시 마포구 포은로 8길 29 243
전화 050-6537-8346 | **팩스** 050-4390-8201 | **전자 우편** info@ycube.kr
블로그 blog.naver.com/ycube_kr

© 백서연, 박민우, 2023

ISBN 979-11-978133-1-3

이 책 내용의 일부 또는 전부를 사용하려면 반드시 저작권자와 와이큐북의 서면 동의를 받아야 합니다.
책값은 뒤표지에 있습니다.

엄마와 딸의

화양연화

그림 박민우
글 백서연

와이큐북

프롤로그

"그때가 제일 좋을 때예요. 나중에 아이들이 크면 그때가 제일 그리울 거예요."

아이들과 고군분투하고 있는 내 모습을 보면서 주변 사람들은 이런 말들을 하곤 했다. 육아일에 지쳐 하루하루 몸과 마음이 피폐해지고 있던 나에게는 이런 말들이 가슴속에 와닿을 리 없었다.

'그때가 도대체 언제인 거죠? 지금 놀리시는 거죠? 제일 좋을 때 긴요! 저의 몰골을 보고 그렇게 말씀하시는 거예요?'

속으로 그들을 욕하며 내 인생에서 '제일 좋을 때'가 아닌 '제일 힘들 때'가 빨리 지나가기만을 손꼽아 기다리고 있었다.

어느덧 딸은 4살이 되었고 누가 갑자기 나타나 요술을 '뿅'하고 부린 것처럼 나와 대화를 나누기 시작했다. 그때부터 고작 4살 밖에 되지 않은 딸아이는 그동안 내가 잊고 있었던 소중한 것들을 가르쳐 주기 시작했다. 하지만 시간의 흐름 속에서 이쁜 딸아이의 모습, 그리고 딸아이가 전해주는 삶의 소중함들이 내 기억 속에서 점차 흐려지는 것 같았다.

'어떻게 하면 딸과 함께하는 순간들을 선명하게 기억할 수 있을까'
　스마트폰의 사진과 영상 기록으로는 뭔가 모르게 아쉬움이 남았다. 딸과 대화가 되기 시작한 4살부터 아이들과 함께 하는 장면, 그 장면 속의 대화 내용, 그때의 생각과 느낌을 전부 담을 수 있는 것은 어쩌면 글과 그림이 함께 담긴 육아 그림 에세이가 아닐까 하는 생각이 들었다. 그렇게 이 책은 내 인생에서 다시는 오지 않을 시간들을 영원히 남기기 위해 탄생했는지도 모르겠다.

'화양연화(花樣年華)'
　신기하게도 아이들과의 에피소드를 육아 그림 에세이로 써 내려가는 순간 그 당시에는 힘들었던 육아 일이 '그때가 좋았었지'라는 아련함으로 변해갔다. 그 당시의 고통이 그리움으로, 너무나 당연하고 익숙해서 잊고 지냈던 순간이 내 인생의 가장 찬란했던 순간으로 마음속 깊이 새겨지곤 했다.
　화양연화(花樣年華)는 인생에서 가장 아름답고 찬란했던 순간을 의미한다고 한다. 육아가 너무 힘들어 '아이들이 빨리 컸으면 좋겠다.'라고 생각하다가도 어느새 부쩍 큰 모습을 보면 시간이 너무 빨리 지나가는 것 같아 붙잡고 싶기도 하다. 이게 바로 육아의 양면성이 아닐까? 어쩌면 아이들과 함께 하고 있는 지금 이 순간이 내 인생의 화양연화가 아닐까 라는 생각이 들었다.

'엄마와 딸의 화양연화(花樣年華)'

이 책 '엄마와 딸의 화양연화'는 누군가의 엄마이자 누군가의 딸인 나 자신에게 선물로 주는 책인지도 모르겠다. 나의 작은 소망이 있다면 사랑하는 딸아이가 나중에 커서 엄마에 대한 서운함을 느끼게 될 때, 이 책을 읽고 엄마의 사랑을 느낄 수 있었으면 좋겠다. 그리고 딸아이가 커서 결혼을 하고 한 아이의 엄마가 되었을 때, 무한대인 엄마의 사랑을 조금은 느낄 수 있길.

나의 가장 큰 소망이 있다면 육아에 지쳐가고 있는 이 세상의 엄마들이 육아 현타가 오는 순간 따뜻한 위로를 건네줄 수 있는 선물 같은 책이었으면 좋겠다. 비록 육아는 너무 힘들지만 이 세상의 엄마들이 육아의 행복한 순간에 더 많이 집중하고 더 행복해졌으면 좋겠다. 다 큰 아이들을 보며 "그때가 좋았지." 하며 옛날이 그리워지는 순간에 이 책을 다시 꺼내어 볼 수 있길 바라본다.

이 책 '엄마와 딸의 화양연화'는 재미있으면서도 참 따뜻하고, 더 나아가서는 엄마의 인생과 아이가 커가는 세상에 대한 인사이트를 재발견할 수 있는 보물 같은 책이었으면 좋겠다.

여러분 인생의 화양연화는 언제인가요?

2023년 봄 어느 날,

누군가의 딸이자 엄마, 백서연

차 례

· 워어어얼화아수목금퇼 vs 월화수목금금금 18 · 커피 수혈 20 · 물만 먹어도 살이 쪄요 23 · 요술봉 25 · 요술봉 2 28 · 굽은 등 30 · 족쇄 32 · 족쇄 2 34 · 운동화 VS 하이힐 38 · 엄마는 일기예보 40 · 아빠는 **70살** 42 · 미녀와 괴물 사이 44 · 시절 친구 46 · 그 때는 몰랐다 48 · 거짓말 좀 해줘 50 · 나도 착한 사람이 되는 것 같다. 52 · 비타민의 효능 54 · 종이 지갑 58 · 삐삐같애 60 · **24시간** 62 · 내 인생의 보물 64

· 세상에서 맞지 않는 것 세 가지 70 · 애 보고 있잖아 71 · 밥 먹어 72 · 밥풀 74 · 아빠 유모차 76 · 손에 물 한 방울 안 묻게 해 줄께 1 78 · 손에 물 한 방울 안 묻게 해 줄께 2 79 · 전직 vs 현직 사기꾼 82 · 연애 편지 86 · 엄마는 아빠 좋아해 89 · 신데렐라 92 · 엄마가 가장 행복한 시간 94 · **0.01 vs 100** 95 · 프로 걱정러 98 · 아빠의 재무교육 101 · 선풍기 102 · 현실송 104 · 추억 벽돌 106 · 가장 힘든 시절의 다른 말 108

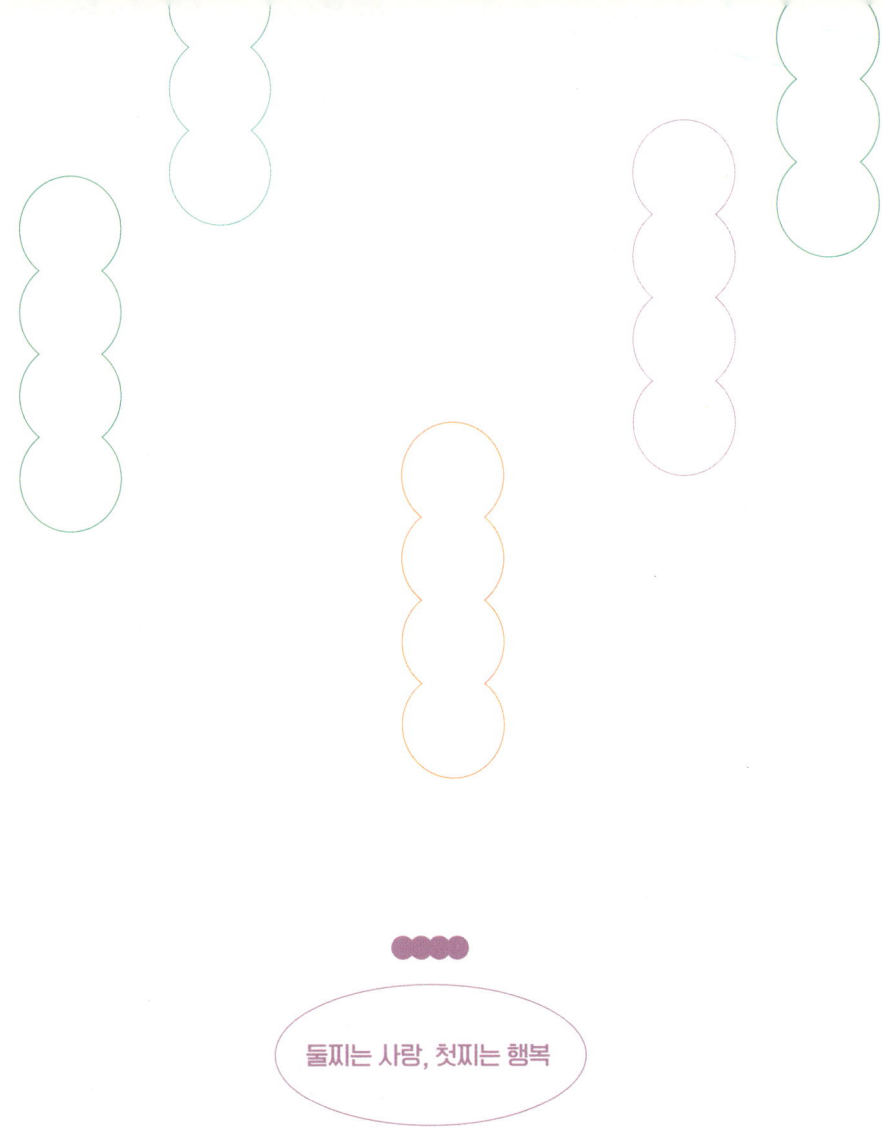

둘찌는 사랑, 첫찌는 행복

·부러움의 대상 112 ·둘째 낳으니 좋아 114 ·엄마의 PT 선생님 116 ·엄마의 PT 선생님 2 117 ·엄마의 PT 선생님 3 119 ·동요 금지령 120 ·코피 122 ·된장 126 ·통역사 128 ·엄마의 성 교육 130 ·엄마의 성 교육 2 133 ·엄마의 말 공부 134 ·엄마의 돈 공부 137 ·루저 140 ·루저 2 141 ·루저 3 142 ·성격 변태 144 ·디지털 이민자 vs 디지털 원주민 146 ·범인 147 ·황금 모래 148

네가 준 교훈들

· 4살과 40살 152 · 4살과 40살 2 153 · 4살 딸의 복수 155 · 40살 엄마의 복수 157 · 4살의 문제해결 능력 160 · 떨어져 162 · 코로나가 바꾼 동화 164 · 코로나가 바꾼 아이들의 대화 167 · 코로나가 바꾼 엄마들의 대화 168 · 코로나가 바꾼 엄마들의 대화 2 170 · 어디서 많이 본 그림 171 · 하늘은 무슨 색이야 174 · 엄마의 치료사 177 · 술 친구 180 · 엄마도 놀고 있는 것 같은데 181 · 퍽퍽살 184 · 조물주 위에 엄마 185 · 인생의 반창고 188

너와 함께, 화양연화

· 나의 선생님 192 · 거울 194 · 내가 할 거야 196 · 아기 비 199 · 아이 눈높이에 맞출 것 201 · 아이스크림 204 · 엄마 눈에 엄마가 보였으면 좋겠어 206 · 콩닥콩닥 내 심장 210 · 왕사탕 213 · 부자가 되는 방법 215 · 꽃봉오리 218 · 칭찬 도장 221 · 에베레스트 산 정복 223 · 지금이 젤 이쁠 때예요 226 · 여행 228 · 봄눈 230 · 천사 232 · 어버이날 편지 234 · 글자를 배우기 시작한 나이 238

널 만나고 달라진 것들

#엄마라는_이름의_무게
#엄마라는_삶에_대하여
#엄마가_되고_난_후

널 만나고 달라진 것들　**진상고객님**

내 인생에서 최고의 진상 고객님을 만났다.

(서랍 안에 있는 옷 다시 꺼내는 중)

고객님...
방금 옷 정리 다 했다고요...
(무한 반복 중)

토닥토닥.
당신은 스스로 생각하는 것보다
정말 많은 것들을 이겨내며 살고 있어요.

널 만나고 달라진 것들   **워어어얼화아수목금퇼 vs 월화수목금금금**

직장인들은 불금을 기다리지만
엄마는 불금이 너무 두렵다.

금요일만 되면
유독 집으로 가는 길의 경사가 더 가파른거 같다.

직장인들은 주말이 너무 빨리 지나간다고 말하지만,
엄마는 주말이 너무나 느리게 간다.

엄마의 일주일은 월화수목금금금이다.

너 만나고 달라진 것들   ## 커피 수혈

헉...뭘까...고작 4살 밖에 안된 딸아이가
잔소리쟁이가 된 이 느낌은...?

영혼 1도 없이 딸에게 '응'이라고 대답했지만
내 몸은 수맥을 찾는 사람처럼 자동적으로 커피숍을 찾고 있다.

커피 링거 맞는 중

육아 일을 가장 잘 할 수 있는 방법!
하루에 커피 3잔으로 매일 수혈하기!

이렇게 엄마는
'카페인 뱀파이어'가 되어가는 중입니다…

(널 만나고 달라진 것들) **물만 먹어도 살이 쪄요**

라디오를 듣고 있는 중에 뼈 때리는 말.

나 역시 애청자 사연처럼 출산 후 붓기가 3년째 안 빠진다고 생각했다.

촌철살인 DJ 말대로 붓기가 3년째 안 빠지는 이유를
자세히 들여다보았다.
이윽고 애 둘을 키우며 집안의 잔반 처리반이 된 나를 발견하게 되었다.

그랬다.
세상의 모든 일은 원인 없는 결과가 없었다. 쩝.

 요술봉

엄마에게 요술봉이 하나 있었으면 좋겠다…

1차 시기

쌍둥이 유모차 VS 비좁은 계산대 (과연 승자는?)

1차 시기 실패…ㅠOㅠ

애 둘을 태운 쌍둥이 유모차를 끌고 마트에서 계산을 하려는데
계산대 사이가 너무 좁다…

2차 시기

재대결! 쌍둥이 유모차 VS 비좁은 계산대 (과연 최후의 승자는?)

2차 시기도 역시…실패다…ㅠㅇㅠ

애 둘을 키우기엔 이 세상에 좁은 문이 너무나 많다…

세상의 문아~ 넓어져라~ 얍!!!

 ## 요술봉 2

내 나이보다 많은 50살 아파트에서
내 나이 반절인 20살 아파트로 이사를 했다.

원래 살았던 50살 아파트는 엘리베이터가 너무 작아서
쌍둥이 유모차가 통과하지 않았다.

새로 이사한 20살 아파트의 엘리베이터에는
쌍둥이 유모차가 가뿐히 통과할 수 있을 것이라는 기대감!
야호! 신난다~

하지만… '기대'가 크면 '실망'도 큰 법…
'무사통과'는 나만의 착각이었다.

자로 정확하게 잰 것처럼 쌍둥이 유모차가 꽉 낀다.

애 둘을 키우기에 이 세상에 좁은 문이 너무나 많다.
정말로 엄마에게 세상을 바꿀 수 있는 요술봉이 하나 있었으면 좋겠다.
세상의 문아~더 넓어져라~얍!!!

 굽은 등

어렸을 땐 할머니 등이 왜 이렇게 굽었는지 알지 못했다.
엄마가 되고 애 둘을 키워보니
할머니 등이 굽은 이유를 알 것 같기도 하다.

  유모차 끌 때 점점 굽는 등

 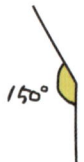 설거지 할 때 점점 굽는 등

  애들이 안아달라고 할 때
점점 굽는 등

  애들 목욕시킬 때 점점 굽는 등

 애들 장난감 치울 때 점점 굽는 등

애들의 몸무게가 늘어날수록, 애들의 키가 커질수록
엄마의 등 굽는 각도도 점점 커지는 것 같다.

등이 더 굽기 전에
가끔씩 하늘을 올려다볼 수 있는 몸과 마음의 여유를 가질 것!

(널 만나고 달라진 것들) ## 족쇄

양 발에 족쇄가 채워진 후로 화장실도 맘 편히 갈 수 없고,
인간의 가장 기본적인 욕구인 생리적 욕구도 제대로 해결할 수 없다.

결국 족쇄 푸는 것을 포기하고, 둘 중 하나를 안고 변기에 앉았다.
그런데 다른 하나가 변기 앞에 서서 날 보고 '씩' 웃는다.

나의 똥 냄새까지 사랑해 주는 아이들…
하지만… 엄마는 요술봉이 하나 있었으면 좋겠다.
족쇄들아~ 떨어져라~얍!

널 만나고 달라진 것들   족쇄 2

다음 날

어린이집 선생님이 보내주신
예나와 민재 사진

다음 날, 어린이집 알림장 속의 매우 낯선 사진 한 장.
족쇄들이 떨어지면 좋을 것 같았는데
막상 족쇄 하나가 떨어지려고 하니
서운한 느낌이 드는 건 왜일까…

족쇄야, 진짜 떨어질 거야?

그리고…
남편은 '질투의 화신'으로 변하는 중입니다…

 ## 운동화 VS 하이힐

엄마가 되기 전엔
무조건 이뻐 보이는 게 중요했다.

엄마가 되고 나서는 무조건, 편한 게 중요해졌다.

쌓여가는 고무줄 바지

쌓여가는 운동화들

쌓여가는 에코백

이제 보니 엄마가 내게 했던 말들은 온통 맞는 말들뿐이었다.

널 만나고 달라진 것들 ## 엄마는 일기예보

내가 어렸을 적에는 엄마가 했던 말들을 잘 이해하지 못했다.

엄마의 '비가 오려나?' 이 한 마디 말이 끝나자마자
신기하게도 비가 주룩주룩 내리기 시작했다.

내가 엄마가 된 후에서야
엄마가 일기예보 보다 정확했던 이유를 알 수 있었다.

애 둘을 낳고 나니 비가 올 때마다
정말 허리가 아프고 손목 마디마디가 시렸던 것이다.

엄마의 고통을 몰랐던 철없었던 어린 나.
막상 내가 엄마가 되어 보니
내 손목 보다 내 마음이 더욱 시린 건 왜일까.

창밖에 내리는 비를 보니,
이상하게 내 마음속에는 굵은 비가 주룩주룩 내린다.

'엄마, 미안해요.'

너 만나고 달라진 것들   ## 아빠는 70살

딸의 4살 생일날, 아빠에게 생일 파티 사진 한 장을 보냈다.

'우리 손녀 4살 생일이구나. 축하해.'
라는 답장을 기대했지만
아빠는 주름 가득한 아빠 얼굴 사진 한 장과
'70'이라는 숫자가 적힌 답장을 보내왔다.

내 눈은 '70'이라는 숫자와 함께
부쩍 늙어버린 아빠의 얼굴에 한참을 머물러 있었다.
예전보다 더 깊게 파인 주름이
이상하게 내 가슴을 더 깊이 후벼파고 있었다.

그러고 보니 나란 딸은 결혼 후에
남편과 애들 생일만 죽어라 챙겼지
아빠 생일을 제대로 챙겨준 적이 없었다.

올해 아빠 생일에는
꼭! 생일 케이크에 70개의 초를 꽂아 줄 수 있는 딸이 되어야겠다.

'아빠, 미안해요.'

 널 만나고 달라진 것들

미녀와 괴물 사이

화장한 내 얼굴을 보고 딸이 '이쁘다'고 얘기해 준다.
역시 내 딸이다. ㅎㅎㅎ

회장을 지우고 나온 내 얼굴을 보고 딸이 다시 괴물이라고 얘기한다...

미녀와 괴물 사이에 엄마는 과연 어디쯤일까?

 시절 친구

나이가 들어갈수록 친구가 없어지는 것 같다.

어린 시절의 친구

학창 시절의 친구

직장 시절의 친구

'시절 친구'란 말이 있다.
그때의 친구, 지금의 친구가 다르듯이
각자 그 시절에 맞는 친구가 따로 있다는 뜻이다.

어렸을 때 가장 가까운 사이였지만
흘러간 시간만큼이나 관계도 자연스럽게 멀어지는 법.

그러니 '과거' 친했던 '친구'와 지금 멀어졌다고 해서
너무 서운해하지도 말고 너무 외로워하지도 않기를…
그 시절의 친구와는 멀어졌지만,
현 시절의 친구들이 많이 생겼으니,

육아 시절 친구 1. 남편

육아 시절 친구 2. 딸

육아 시절 친구 3. 아들

육아 시절 친구 4.
로봇 청소기

(나 대신 열일 중인
육아 동지)

육아 시절 나의 베프들아!
오늘도 나와 함께해 줘서 고맙다.

 ## 그 때는 몰랐다

30대 때는 몰랐다. 20대가 그렇게 행복했었는지.

40대 때는 몰랐다. 30대가 그렇게 행복했었는지.

50대가 되었을 때 …
'40대가 제일 행복했었지'라는 생각을 하지 않으려면

육아에 절어있지만, 나는 행복해~
- 자기 암시 중 -

'지금, 이 순간' 나의 행복을 기억해야겠다.

 널 만나고 달라진 것들

거짓말 좀 해줘

몇 년 만에 다시 운동을 시작했다.
그것도 나의 젊은 시절에 간절히 꿈만 꿔왔던 폴 댄스.

(남의 편, 뱃살 보며 비웃는 중)

첫 레슨 후 자랑스럽게 딸에게 폴 댄스 영상을 보여 줬다.
시크한 표정을 보니 꼭 남의 편을 빼다 박은 것 같다.

아이들은 거짓말을 못한다고 하지만
내 딸만큼은 선의의 거짓말을 해줬으면 좋겠다는
생각이 아주 잠시 들었다.
하지만 곧바로 내 마음을 고쳐먹기로 했다.
아이들이 거짓말을 못하니 내가 더 열심히 하는 수밖에.

엄마가 되고 나서 잠시 잊고 있었던 내 꿈의 다른 말들.

딸아! 조금만 기다려!
때로는 어설퍼도, 때로는 실수해도,
계속 도전하는 엄마가 아름답다는 걸 보여 줄게!

(널 만나고 달라진 것들) ## 나도 착한 사람이 되는 것 같다.

모 TV 프로그램에서
백종원이 이런 이야기를 하는 것을 본 적이 있다.

나도 엄마로서 할 수 있는
착한 일들을 찾아본다.

종이컵 대신 개인컵 텀블러를 가지고 다니기.

새 물건을 사기 보다 가지고 있는 물건을 좀 더 아껴 쓰기.

물건을 버릴 때는 한 번 더 고민해 보기.

당근 마켓에서 나눔 하기.

띠링~당신의 매너 온도는 41.6도입니다.

엄마가 된 후 아이들을 위해 착한 일을 하다 보니
나도 정말 착한 사람이 된 것 같다.

널 만나고 달라진 것들 · **비타민의 효능**

예전부터 병원을 달고 살았던 나는

(조금만 아프면 병원으로 달려 감)

엄마가 된 후 신기할 정도로 잘 아프지 않았다.

사실은 엄마가 되어 건강해진 게 아니라,
아프면 애 봐줄 사람이 없기 때문에
나는 절대 아프면 안 되는 사람이 되어 있었다.

아프면 안 돼. 아프면 안 돼. 아프면 안 돼.

엄마가 된 후 체력보다 더 강력한 건
정신력이라는 것도 알게 되었다.
그런데도 너무 아플 땐 어쩔 수 없이 병원행…

비타민의 효능일까? 딸의 효능일까?
딸이 준 비타민의 효능은 정말로 강력했다.

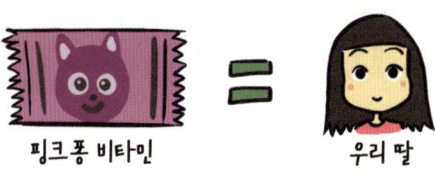

어쩌면 내 인생의 만병통치약은 우리 딸인지도 모르겠다.

종이 지갑
(널 만나고 달라진 것들)

때로는 딸이 열 일을 위한 가장 큰 동기부여가 된다.

널 만나고 달라진 것들 **삐삐같애**

나는 늘 시간에 쫓겨 허겁지겁 등원시키느라
딸 머리를 예쁘게 묶어주지 못했다.
오늘은 삐삐 같은 딸의 모습이 내 눈에는 너무나 이뻐 보인다.

딸의 이 한 마디 말은 그동안의 내 모습을 다시 바라보는 계기가 되었다.
딸의 말처럼 딸은 다른 누군가가 아니라 그냥 딸 자체였다.
나 역시 다른 누군가가 아니라 그냥 나 자체였다.

하지만, 그동안 나는 왜 '~처럼' 되길 바랐을까?
늘 다른 사람들과 비교하며 살았을까?

맞아! 딸!
넌 너의 모습 그 자체로 아름다운 너야.
너의 모습 그 자체를 네가 사랑하는 것처럼
엄마도 엄마 모습 그 자체로 나를 좀 더 사랑할게.

널 만나고 달라진 것들 ## 24시간

업무 미팅 중에 다이어리를 펼쳤다.
하지만 다이어리에는 딸이 낙서해 놓은 괴물 그림들로
빼곡하게 채워져 있었다.

당황했던 것도 아주 잠시,
다이어리 속 괴물 그림을 보고
화가 나지 않는 것이 더 신기한 일이었다.

늘 너와 함께 있는 느낌이 이런 거구나.
오늘따라 더 보고 싶네…
우리 딸…

딸과 잠시 떨어져 있지만
오늘 하루는 24시간을 사랑하는 딸로 가득 채운 느낌이다.

(널 만나고 달라진 것들) **내 인생의 보물**

SNS를 보면
나보다 어리고 멋지고 잘나 보이는 사람들이 대부분이다.

특히 솔로로 화려한 인생을 살거나,
결혼해도 아이가 없는 삶을 사는 사람들이 때로는 부러울 때가 있다.

SNS가 아닌 현실 거울로 보는 내 모습은 초라하기 그지없는 것 같다.

사과를 사서 집에 도착하니, 아이들이 내 품에 와락 안긴다.
아이들의 따뜻한 체온을 느끼니
방금 전까지 누군가의 화려해 보이는 삶을 질투했던
나 자신이 부끄러워진다.

때마침 '사과'를 잘 사 온 것 같다.
오늘은 맛있는 사과를 나눠 먹으며
나 자신과 아이들에게 진심으로 '사과'해야겠다.

어쩌면 이 세상에서 가장 반짝이는 보물을 가진 사람은
아이들의 엄마인 나 자신인지도 모르겠다.

이 죽일 놈의 사랑

#부부라는_이름의_무게
#남편이라_쓰고_남의편이라_읽는다
#화성에서_온_남자

> 이 죽일 놈의 사랑

세상에서 맞지 않는 것 세 가지

이 세상에서 제일 맞지 않는 것이 세 가지 있다고 한다.

1. 복권

2. 주식

3. 부부

그러니깐 너무 슬퍼하거나 노여워하지 말 것!

이 죽일 놈의 사랑   애 보고 있잖아

그래…눈으로 보는 것도 보는 거였지…쩝…

이 죽일 놈의 사랑 ## 밥 먹어

역시 사람은 적응의 동물이라고 했던가.
나와 밥을 가장 많이 먹은 이 남자.
나와 전쟁을 가장 많이 치르고 있는 이 남자.
이 남자와 몇 년을 살아보니,
전쟁에서 승리하는 방법을 조금씩 터득하고 있는 것 같다.

금성인, 승리의 V

(이 죽일 놈의 사랑)　**밥풀**

출근할 때 남편의 모습을 보면 늘 반짝반짝 거린다.

(멋짐)　　(깔끔)

하지만 내 모습을 보면…

(후줄근)　　(츄리)

때로는 깃털처럼 가벼워 보이는 남편이 너무나 부럽다.

아빠 유모차

'아빠 유모차' 생각을 하니 순간 웃음이 피식 나왔다.
가끔씩 우리 집 제일 큰 애(?)를
유모차에 태우고 싶을 때가 있으니깐~. ㅎㅎㅎ

이 죽일 놈의 사랑   **손에 물 한 방울 안 묻게 해 줄께 1**

결혼 후 최첨단 고무장갑을 끼면서 설거지 하고 있는 나.
이 사람...
진짜 손에 물 한 방울 안 묻히게 해줬다...

> 이 죽일 놈의 사랑

손에 물 한 방울 안 묻게 해 줄께 2

코로나 동선이 겹친다는 문자를 받았다.
머릿속에 떠오르는 수만 가지 생각들.
무엇보다 아이들 걱정이 제일 먼저 든다.

코로나 문자를 받고 나서 혼자 밥도 따로 먹고,
집에서 마스크를 끼며 생활한다.

다음날 카톡

음성임을 알려 드립니다.

남편이 아닌 코로나가
진짜 손에 물 한 방울 안 묻히게 해 줬다.

고맙다…코로나…

이 죽일 놈의 사랑 > **전직 vs 현직 사기꾼**

꾸미는 것을 좋아했던 나.

어느 순간 화장하는 법을 까먹었다.

살은 자꾸 올라온다.

네일은 사치에 불과하다.

그런데 참 다행이다.
요즘에 좋은 앱들이 너무나 많이 생겼다.

메이크업을 하지 않아도
앱이 자동으로 메이크업을 해주고
운동을 하지 않아도 앱이 자동으로 몸매 보정을 해준다.

가끔 남편이 나에게 이렇게 말한다.

아무렴 어떤가.
사기 좀 치더라도
현재 내 모습에 만족할 수 있는 방법을 찾을 것!
다른 사람들 눈치 보지 말고 당당하게!

내 세상은 나를 중심으로 돈다는 것을 꼭 기억하자!

(이 죽일 놈의 사랑) **연애 편지**

하원 중

뒤적 뒤적

엄마~
민재가 편지 줬어.

우와~
정말?

어느 날 딸이 어린이집 친구에게 편지를 받았다며 자랑을 했다.
마치 내가 연애편지를 받은 것처럼 가슴이 콩닥콩닥 거린다.

그 순간 떠오른 한 사람.

그냥 딸 연애편지로 대리 만족하기!

(이 죽일 놈의 사랑) ## 엄마는 아빠 좋아해

힘겹게 독박 육아를 하고 있는데 딸이 사랑고백을 한다.

나도 아이들에게 사랑고백을 해본다.
'까르르' 웃는 아이들 표정을 보니
육아의 고단함도 잠시 사라지는 것 같다.

이어서 딸이 묻는다.

독박 육아에 지쳐 대답할 힘이 없었기 때문일까?
결국 딸의 질문에 아무런 대답도 하지 못했다.

하지만 그날 남편은 귀가 많이 간지러웠겠지?

이 죽일 놈의 사랑   # 신데렐라

초등학교 아이를 둔 엄마가 나에게
'지금이 제일 편할 때'라고 귀띔해 준다.

이제는 한 남자가 아닌 두 아이한테 구두를 빼앗긴 거겠지?

똑딱똑딱.

엄마의 시계 시침은 갈수록 빨라진다.

 이 죽일 놈의 사랑

엄마가 가장 행복한 시간

어느 날, 라디오를 듣다가 격하게 고개를 끄덕이고 말았다.

그래!
엄마의 가장 행복한 이 시간을 마음껏 즐기자!

 **0.01 vs 100**

요리를 하다가 손가락을 칼에 살짝 베였다.

아주 살짝 난 피였지만 딸이 걱정하며
자신이 가장 아끼는 뽀로로 밴드를 부쳐 준다.

이 남자, 내가 걱정이 되었던 것일까.
소파와 한 몸이 되었던 남편이 주방으로 달려왔다.
그러나… 화성에서 온 이 남자…

이 한 마디 말을 툭 뱉어 버리고는
다시 소파로 복귀해 버린다.
남편이 남의 편이라고 누가 그랬던가.

0.01미리 피를 보고 알게 된 사실!
나와 같은 금성에서 온 딸이
화성에서 온 남편보다 100배는 낫다!

이 죽일 놈의 사랑 | 프로 걱정러

내가 주말 근무를 할 때면 남편이 육아를 담당한다.
열 일 하고 있는 주말, 카톡 알람이 울렸다.
핸드폰을 꺼내 보니, 남편이다.

이 말과 함께 남편이 사진 한 장을 나에게 보내왔다.

(자신의 그림자를 보며
키가 컸다고 감탄하는 중)

아빠~~아빠~~~

여기 큰 예나가 내 앞에 있어.

어제까지만 해도 딸이 또래보다 너무 작아서 걱정을 많이 했던 터였다.
그런데 사진을 보니 괜한 걱정이었다는 생각이 들었다.
이미 딸은 쑥쑥 잘 크고 있었는데 말이다.

엄마가 되면 이상하게 일어나지도 않은 일들을
미리 걱정하는 프로걱정러가 되는 것 같다.

하지만 실제 연구에 의하면 걱정의 96%는
현실에서 일어나지 않는다고 한다.
어쩌면 걱정도 어린아이를 키우는 것과 비슷하지 않을까?
아이도, 걱정도, 키우면 키울수록 더 커지는 것 같다.

앞으로 아이는 크게 키우고 걱정은 절대 키우지 말자.
아이와 걱정! 둘 다 키우면 나만 힘드니깐!

이 죽일 놈의 사랑   ## 아빠의 재무교육

어느 날 딸이 나한테 돈을 많이 벌어오라고 말했다.

딸이 나에게 이렇게 말했던 이유를 곧 알게 되었다.
알고 보니 남편이 딸에게 재무교육을 열심히 시키고 있었던 것이다.

이런 게 바로 부모교육의 효과였다…쩝…

(이 죽일 놈의 사랑) ## 선풍기

에어컨 바람으로도 찜통 같은 더위를 날려 보내기엔
역부족인 어느 여름날이었다.

딸이 저 멀리 있는 선풍기 전원을 켜더니
남편과 나에게 쪼르르 달려왔다.

바람이 닿기에는 너무 먼 거리였지만,
한순간에 남극에 있는 것 같은 시원한 느낌이 들었다.

그거 아니?
너의 존재가 우리에겐
무더위를 날려주는 초강력 에어컨이란걸!

 ## 현실송

화이트데이에 남편이 깜짝 선물로 장미꽃 2송이를 사 왔다.
결혼 후 '초강력 현실주의자'로 변신한 나는
남편에게 칭찬 대신 타박을 하고 있었다.

딸이 나에게 아빠한테는 고맙다는 말을 왜 하지 않냐고 물었다.

그랬다.
너무 가까운 사이라 말하지 않아도
다 알고 있을 거라 생각했다.

'말하지 않아도 알아요~'는 CF 송일뿐,
말하지 않으면 모르는 게 현실 송일까.

이 죽일 놈의 사랑아,
그래도 고…맙…다…

`이 죽일 놈의 사랑`   ## 추억 벽돌

나는 일과 육아를 동시에 하며 바쁜 날들을 보내고 있는 워킹맘이다.
업무 특성상 일하는 시간과 장소를 스스로 조정할 수 있기 때문에
일을 그만두지 않고도 육아를 할 수 있다.
이것이 내 일의 최대 장점이지만
때로는 이 둘을 동시에 하는 게 벅찰 때가 많다.

남편과의 대화에서 나는 늘 루저가 된다.
그런데 곰곰이 생각해 보면 남편 말도 일리가 있었다.

(단점. 힘든 육아)　　　(장점. 아름다운 추억)

때로는 거꾸로 세상을 보면 많은 것들이 보일 때가 있다.
같은 상황일지라도 단점보다는 장점에 집중할 것!

그래!
내 인생에서 다시 오지 않을
'추억'이란 벽돌을 무너지지 않게
잘 쌓아 나가 보자!

| 이 죽일 놈의 사랑 | **가장 힘든 시절의 다른 말**

애 둘 육아에 지쳐 매일 버릇처럼 내뱉는 말이 있었다.

갑자기 남편이 나에게 하는 말.

이 말을 듣고 나니 누군가 목탁으로 나의 뒤통수를
세게 때리는 느낌이 들었다.
'애들 크는 모습을 볼 수 없다?
그럼 이렇게 순간의 행복을 느낄 수 있을까?'

어쩌면 가장 힘든 시절은 거꾸로 생각하면
온 힘을 다해 가장 아름답고 찬란한 시절을 만들고 있는 시절 아닐까.

인생에서 가장 아름답고 찬란한 시절을 뜻하는
화양연화.

내 30대의 화양연화는 남편과 연애하던 시절,
그리고, 내 40대의 화양연화는 아이들을 육아하는 시절이 아닐까?

둘찌는 사랑, 첫찌는 행복

#애둘을_키운다는_것
#애둘맘의_일상

 둘찌는 사랑, 첫찌는 행복

부러움의 대상

오랜만에 만난 친한 동생이 나에게 이런 말을 했다.

"언니, 그거 알아? 사람들이 언니를 되게 부러워한다는 걸?"

"왜 나를 부러워해?"

(혹시… 외모? 능력?)

(내심 기대 중)

"애 둘이라서~"

"응??? 그게 왜 부러워?"

(뜨아…)

사람들이 날 부러워하는 이유가 '애둘 맘'이었다니…

올림픽에 출전하지 않아도 금메달을 딸 수 있다니!

내가 다른 사람을 부러워하듯이,
나도 다른 사람에게 부러움의 대상이 될 수 있다는 걸 그때 깨달았다.
그러니깐 나 자신과 다른 사람들을 비교하며 한없이 작아지지 말 것!
누구나 다 부러움의 대상이 될 수 있으니깐!

 둘째는 사랑, 첫째는 행복

둘째 낳으니 좋아

아이가 한 명인 동생들은 나에게 늘 이런 고민을 털어 놓는다.

언니, 나 둘째 낳을까 말까 고민이 되네.

언니 둘째 낳으니 좋아?

응, 좋아~

뭐가 좋아?

음… 두배로 힘들긴 한데 두배로 행복하기도 해~

(열심히 계산 중)

언니, 결국 플러스 마이너스 제로인거네?

그럼 난 애 안낳을래.

아,,동생아,, 내 뜻은 그게 아니었는데…. 말로 표현할 방법이 없네..,ㅠㅠ

+1-1=0

(동생의 계산법)

+2-2=0

아차!
동생과 헤어지고 나서야 동생에게 해주고 싶은 말이 생각났다.

'고민은 배송만 늦출 뿐!'

 둘찌는 사랑, 첫찌는 행복

엄마의 PT 선생님

> 둘찌는 사랑, 첫찌는 행복

엄마의 PT 선생님 2

어느 날 딸이 내 배를 유심히 관찰하더니
심각한 표정으로 나에게 물었다.

현실 직시를 하게 만드는 딸의 한 마디.
딸의 말처럼 내 앞에는 수북이 쌓인 밥, 치킨, 맥주까지.
수많은 음식들이 놓여 있었다.

육아에는 체력이 소모된다는 핑계로
매일 탄수화물과 지방 덩어리를 뱃속에 넣고 있었던 나.

허겁지겁 치맥을 먹어치우는 모습을 보고 있던 딸이
결국 자신의 간식까지 양보했다.
순간 먹어야 하나, 말아야 하나 고민했지만,
결국 딸의 간식까지 몽땅 해치우고 말았다.

엄마가 되고 나서 매일 이렇게 다이어트를 결심하고 또 포기한다.

엄마의 PT 선생님 3

딸이 어린이집에서 '곰 세 마리' 동요를 배워 왔다.

갑자기 딸이 날 보고 멈칫하더니 동요를 개사해서 부르기 시작한다.

정말 무서운 개인 PT 선생님이 내 앞에 나타났다…

> 둘찌는 사랑, 첫찌는 행복

동요 금지령

과거 딸이 잠이 온다고 칭얼거릴 때에는
자장가를 불러주며 잠을 재우곤 했었다.

그랬던 그녀가 이제는 변했다…

역시…세상에 멈춰 있는 건 단 하나도 없나 보다.

둘째는 사랑, 첫째는 행복 **코피**

언젠가부터 딸이 하루에도 몇 번씩이나
코피가 나기 시작했다.

'혹시나'하는 마음에 걱정이 되어
동네 소아과도 찾아가 보았지만
돌아오는 대답은 '이상 없다'는 말뿐.

※상 O 병원 소아과 교수

엄마가 되어 '걱정 병'에 이어 '의심 병'까지 걸린 나는
대한민국에서 내놓으라 하는 종합병원까지 찾아가기까지 했다.
하지만 돌아오는 대답은 늘 똑같았다.

나중에 안 사실이지만
딸이 하루에도 몇 번씩이나 코피가 났던 이유는
아무도 모르게 몰래 숨어 시도 때도 없이
코 딱지를 파고 있었기 때문이었다.

-엄마의 단 한가지 소원-

딸! 코 평수가 태평양만큼 넓어져도 괜찮아!
무럭무럭 건강하게만 자라주길!
뭐니 뭐니 해도 건강이 최고!

둘째는 사랑, 첫째는 행복

된장

육아가 힘든 이유는 '내가 하려는 모든 일에 대한
방해의 연속'이기 때문이라고 한다.

정말 신기하게도 첫째는 꼭 밥을 맛있게 먹고 있을 때만
똥을 싸고 싶다고 말한다.

더욱 신기한 건 밥을 먹고 있을 때만 둘이 교대로 똥을 싼다는 것이다.
어떨 때는 내가 똥을 먹고 있는 건지
밥을 먹고 있는 것인지 헷갈릴 때가 있다.

때로는 내가 애들 똥 치우려고
태어난 사람인가라는 생각이 들 때도 있다.

그런데…
예전엔 내 인생이 마치 똥통에 빠진 기분이 들 정도로 우울한 느낌이 들었는데
이상하게 지금은 아이들의 똥 냄새마저 사랑스러운 건 왜일까.

오늘도 나는 밥을 먹다가 '큰 된장, 작은 된장'이라고 주문을 외운다.
'엄마의 사랑은 무한대!' 이렇게 난 엄마가 되어가는 것인지도 모르겠다.

 ## 통역사

나는 둘째가 무슨 말을 하는지 도통 모르겠는데
첫째는 신기하게도 둘째가 하는 말을 거의 100% 맞춘다.

아이들끼리만 통하는 아이들만의 세상이 존재한다.
그들만의 세상에 완전히 들어갈 수 없지만
그곳에 한 발자국 가까이 다가갈 수 있는 엄마가 되도록
끊임없이 노력해야겠다!

(뒤늦은 학구열에
활활 불타는 중)

 엄마의 성 교육

딸이 핸드폰에서 나의 만삭 사진을 찾아 갑자기 물었다.

"엄마~ 그런데 나랑 또띠는 왜 없어?"

"응~ 예나랑 또띠는 엄마 배에 들어가 있지~"

"아~그렇구나~ 그럼 아빠 배에는?"

"음… 아빠 배에는 똥이 들어가 있지"

(남편아…미안해…ㅠㅠ 애들을 '똥'을 좋아하니깐 이해해 주길…)

이어지는 딸의 질문들…

이상하게 엄마가 되고 나서
공부해야 할 게 더 많아진 것 같다.
정말 공부는 끝이 없나 보다.

 엄마의 성 교육 2

오줌 테러를 하고 있는 동생을 보고 난 후 딸의 질문.

정말…엄마는 죽을 때까지 공부해야 하나 보다…

 ## 엄마의 말 공부

어느 날 남편이 왕 달팽이 2마리를 분양받아 왔다.

(앗! 달팽이다! 귀여벼!)

외할머니 댁 화분에 놓인 소라 껍데기들이
딸의 눈에는 집에 있는 달팽이로 보였나 보다.
계속되는 딸의 '왜?'라는 질문이 귀찮았던 것일까?
딸의 동심을 지켜주고 싶다는 핑계로
나는 그만 소라 껍데기가 달팽이라고 말해 버렸다.
이어지는 딸의 질문들.

사실 이 말 말고는 딸의 질문에 대한 대답이 딱히 생각나지 않았다.
결국 느닷없는 달팽이들의 사망 소식에
딸은 그만 눈물을 펑펑 쏟고야 말았다.
한참 동안 딸의 멈추지 않는 눈물을 보고 있으니
별생각 없이 내 뱉은 나의 말 한마디가
딸에게 큰 상처를 준 것 같은 느낌이 들었다.

딸의 동심을 지켜주고 싶었지만 결국 딸의 동심을 파괴해 버린 나는
엄마의 말을 다시 배워야 할 것 같다.
이렇게 엄마의 공부영역은 언어영역까지 확장되는 것일까?
학창 시절에 지금처럼 열심히 공부했으면
아마도 서울대에 갈 수 있었을 텐데. 쩝.

서울대 입학을 할 수 있는
엄마들만의 특별전형이 생겨나면 좋겠다.

둘찌는 사랑, 첫찌는 행복 ## 엄마의 돈 공부

고작 4살 밖에 안 된 딸이 돈에 대한 개념이 생기기 시작했다.

돈에 대해서 제대로 가르쳐 준 적도 없는데
벌써 돈의 크기에 대해 아는 나이가 되어 버렸다.
앞으로 나는 아이들에게 돈에 대해 어떻게 가르쳐 줘야 할까.

성 공부, 말 공부, 돈 공부까지…
엄마가 되니 공부거리가 또 하나 추가된 것 같다.

그때 어린이집 알림장의 알람이 '띠링'하고 울린다.

어린이집 알림장

To. 예나 부모님께

오늘은 친구들과 '돈보다 소중한 것은 무엇일까'에
대해 이야기를 해보았습니다. 돈은 우리 일상생활에서
필요한 물건을 살 수 있도록 도움을 주지만,
돈으로 살 수 없는 것들이 더 많다는 것을 알아보았습니다.
친구들이 생각하는 돈보다 소중한 것을
그림으로 표현해 보았는데 대부분의 친구들이
가족, 동생, 아기를 많이 그렸네요…
From. 어린이집 선생님

이 알림장을 보고 있으니
돈의 크기보다 돈으로 살 수 없는 소중한 것들을 먼저 가르치는
엄마가 되어야겠다는 생각이 든다.

아이들이 '진짜 부자, 마음의 부자'로 무럭무럭 자라주길.
그리고 나도 '진짜 부자, 마음의 부자'가 되길.
오늘도 나는 작은 다짐을 해본다.

루저

연애시절에는 남편한테 사랑을 확인하려 했다.
하지만 엄마가 된 후에는
아이들한테 사랑을 확인하고 싶은 이상한 버릇이 생겼다.

"예나야~" "엄마가 좋아? 아빠가 좋아?" "아빠!" 〈1패〉
(당연히 내가 좋다고 하겠지…?) (망설임 1도 없음)

"예나야~ 그럼 엄마가 좋아? 유튜브가 좋아?" "유튜브!" 〈2패〉
(설마…유튜브한테는 내가 이기겠지…?) (망설임 1도 없음)

아놔… 아빠에 이어 유튜브한테까지 지고야 말았다.
순간 루저가 된 기분은 왜일까?

 ## 루저 2

한동안 의기소침해 있던 나.
며칠 후 딸이 먼저 나에게 사랑 고백을 해왔다.

하지만 이어지는 사랑 고백들….

순간 승부욕이 꿈틀거렸던 나는 말도 안 되는 도전장을 내밀고야 말았다.
가족사진을 주며 예나에게 제일 좋은 사람을 고르라고 했더니
딸의 확신 찬 대답.

아놔… 두 번 연속으로 루저가 된 기분이다.
앞으로 위너가 될 수 있게 더 좋은 엄마가 되어야할 것 같다.

둘째는 사랑, 첫째는 행복 　루저 3

키카 얘기에 쿨하게 수긍하는 딸…
유튜브, 할매에 이어 키카한테까지 져버렸다.
이정도면 엄마는 회생 불가능한 수준인듯…쩝…

돌찌는 사랑, 첫찌는 행복 ## 성격 변태

'아이들이 엄마 옆에 붙어있는 날이 나중에는 그리워질 거야.'
'조금만 크면 엄마한테 오지도 않아.'
라고 했던 육아 선배들의 말은 정답이었다.

예전에는 엄마와 떨어지기 싫어 울고불고했던 아이들.
하지만… 지금은…

과거 아이들의 세상은 엄마가 전부였지만
아이들이 커갈수록 그들의 세상도 함께 커진다.

기지고 있는 아이들의 세상에서
막상 나보다 다른 것들을 더 좋아하는 모습을 보니
시원한 마음보다 서운한 마음이 점점 커진다.
아무래도 난 성격 변태가 되었나 보다.

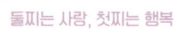

디지털 이민자 vs 디지털 원주민

어른인 나보다 스마트폰을 훨씬 더 잘 다루는 아이들을 볼 때면
혹시 태어날 때부터 스마트폰 사용법을 배우고
세상에 나온 게 아닐까 하는 생각이 들 때가 있다.

디지털 이민자 vs 디지털 원주민

어느새 디지털 이민자가 된 나란 사람은
디지털 원주민인 딸이 부러울 때가 너무 많다.

둘찌는 사랑, 첫찌는 행복   **범인**

핸드폰 불량인 줄 알았는데
알고 보니 범인이 가장 가까운 곳에 있었다. 그리고…
아이들이 찍은 수천 장의 내 엉덩이 사진들을 보고 있으니 참 웃프다.
'아이들이 보고 있는 나는 주로 이런 모습들이었구나.'
앞으로는 자세를 좀 더 낮추고 아이들과 자주 눈을 맞추는
엄마가 되어야 할 것 같다.

> 둘찌는 사랑, 첫찌는 행복

황금 모래

딸과 대화를 나누다 보면 아이가 보고 있는 세상이
궁금해질 때가 참 많다.

딸!
그래! 모레가 아닌 오늘 당장!
모래가 있는 키카로 가자!

그리고 딸!
뜨거운 태양이 비치는 여름이 오면
반짝반짝 빛나는
황금 모래가 가득한 바닷가로 가자!

딸이 있는 이 세상을
황금 모래보다 더욱더
반짝반짝 빛나게 만들어 주고 있는 엄마이고 싶다!

네가 가르쳐 준
세상의 교훈들

#코로나가_준_숙제
#멋진_엄마가_되고_싶은_다짐

네가 가르쳐 준 세상의 교훈들

4살과 40살

갑자기 딸이 자기 나이를 묻는다.

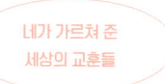 네가 가르쳐 준 세상의 교훈들

4살과 40살 2

숫자가 많아서인지, 애 둘을 낳아서인지 잘 모르겠지만
요즘 들어 깜빡깜빡하는 일이 많아졌다.

어떨 때는 딸이 아닌 시어머니를 모시고 사는 느낌이 들 때가 있다.

(앞으로 할미라 부를까 봄...)

'나이가 든다'는 말에 갑자기 딸이 뚫어져라 나를 쳐다본다.

(나이 든다는 게 무슨 뜻…?)

(엄마…설명 안 해줘도…
엄마 얼굴 보니 알 것 같아…)

딸 표정의 의미는 잘 모르겠지만…
새로 쓰는 엄마 나이는 40부터이고 싶다.

네가 가르쳐 준 세상의 교훈들   **4살 딸의 복수**

같은 것을 보는데도 딸이 보는 눈과 내가 보는 눈이
다를 때가 종종 있다.

딸의 말을 경청해야지 생각하면서도
행동은 내 맘대로 안될 때가 참 많다.

다음 날.

이렇게 4살 딸의 복수전이 시작되었다…

네가 가르쳐 준 세상의 교훈들 ## 40살 엄마의 복수

이렇게 40살 엄마의 유치한 복수전은 시작되었다…
엄마와 딸의 복수혈전! 개봉 박두!

(네가 가르쳐 준 세상의 교훈들) ## 4살의 문제해결 능력

가끔씩은 딸의 문제해결능력에 감탄할 때가 있다.
늘 카페인에 의지하며 애 둘 육아를 이어가고 있던 어느 날.

쌍둥이 유모차가 꽉 끼는 엘리베이터를 타다
실수로 그만 커피를 쏟아 버리고 말았다.
텅 빈 종이컵을 보며 한없이 슬퍼하고 있던 그때,
딸이 나에게 한 마디 말을 툭하고 던졌다.

내게 닥쳤던 문제가 딸의 몇 마디 말에 너무나 쉽게 해결되어 버렸다.
그동안 복잡하게만 생각했던 나의 크고 작은 문제들!
어쩌면 쉽게 해결할 수 있는 것들이 아니었을까?

앞으로는 딸의 문제해결능력을 나도 좀 배워야 할 것 같다.
'프로 걱정러' 엄마에서 '문제 해결자' 엄마로 변신할 시간!

떨어져

코로나라는 무시무시한 바이러스가 전 세계를 덮친 어느 날.

엄마, 또띠야! 우리 떨어져서 놀아야 해!

응? 왜 떨어져? 같이 놀아야지~

코로나 때문에 붙어 있으면 안 돼!

더 떨어져!

됐지?

결국 딸은 나에게까지 접근 금지령을 내렸다.

같은 공간에 있지만 한순간에 이산가족이 된 느낌.
코로나가 정말 무섭긴 무섭다.

네가 가르쳐 준 세상의 교훈들

코로나가 바꾼 동화

코로나로 인해 결국 어린이집 등원까지도 힘들어졌다.
집 밖으로 나가는 것도 무서워 방콕의 연속인 나날들.
딸이 동화책 한 권을 내밀었다.

딸은 동화책 속 늑대를 한참 쳐다보더니 나에게 물었다.

그리고 계속되는 질문들.

(안 그래도 아픈데…서럽…)

콜록 콜록

(기침하니깐 마스크 써야지…)

코로나가 바꾼 동화.

네가 가르쳐 준 세상의 교훈들

코로나가 바꾼 아이들의 대화

코로나가 걸릴까 불안한 날들의 연속.
오랜만에 아이들을 데리고 동네 놀이터에 갔다.

너무 신나게 노는 아이들.
하지만, 멀리서 들려온 아이들의 대화.

코로나가 바꾼 아이들의 대화.
참 웃프다.

네가 가르쳐 준 세상의 교훈들

코로나가 바꾼 엄마들의 대화

코로나가 도저히 끝날 기미가 보이지 않는다.

코로나가 바꾼 엄마들의 흔한 대화.

코로나가 바꾼 엄마들의 대화 2

네가 가르쳐 준 세상의 교훈들

코로나가 때로는 우리에게 큰 가르침을 준다. 돈 없이도 잘 살 수 있다는 교훈.
그리고 모든 일을 긍정적으로 해석하면 된다는 교훈.

네가 가르쳐 준 세상의 교훈들

어디서 많이 본 그림

어린이집 알림장에 또 '원아 확진'이라는 알람이 울렸다.

퇴근한 남편이 진단 키트가 가득한 쇼핑백을 내민다.

애들 코를 찌르는 기술도 나날이 발전하고 있는 것 같다.

임신 결과 확인할 때는 심장이 두근두근!
코로나 결과 확인할 때는 심장이 쿵쾅!

코로나가 엄마의 심장 소리를 100배 더 키운 것 같다.

네가 가르쳐 준 세상의 교훈들

하늘은 무슨 색이야

'왜?'가 궁금한 나이.
요즘 딸은 '왜?'병에 걸렸다.

딸이 또 '왜?'를 묻는다.

미세먼지로 가득한 날.
고개를 들어 하늘을 본 순간, 더 이상 내가 알고 있던 하늘 색깔이
파란색이 아니었음을 깨달았다.
어떻게 하면 아이들에게 파란 하늘을 다시 보여줄 수 있을까?
미약하지만 나부터라도 환경을 지켜야 하겠다는 다짐을 해보았다.

- 엄마의 작은 다짐 -
앞으로 아이들한테 파란 하늘을 보여줄 수 있도록
최선을 다해 '분리배출' 하기!

> 네가 가르쳐 준 세상의 교훈들

엄마의 치료사

실수로 손가락을 다쳤다.
역시나 딸이 아끼는 뽀로로 밴드를 부쳐준다.

그리곤 딸이 아끼는 킥보드를 나한테 양보한다.

며칠 뒤 또 손가락을 다쳤다.
딸이 또 아끼는 뽀로로 밴드를 부쳐준다.

그리곤 딸이 아껴두었던 용돈을 나에게 내민다.

벌써 다 나았다, 야호!

엄마가 된 후
나만의 치료사가 생긴 것 같다.

네가 가르쳐 준 세상의 교훈들

술 친구

매일 밤마다 시원한 맥주 한 캔으로
육아의 피로를 날려버리는 게 습관이 되었다.
그런데 언젠가부터 나의 맥주 한 캔 옆에는
딸의 우유 한 잔이 놓여 있다.

이젠 4살 딸이 나의 둘도 없는 술 친구가 된 것 같은 느낌이다.

육아의 피로는 나만의 술 친구와 함께 날려 버리자. 야호!

네가 가르쳐 준 세상의 교훈들

엄마도 놀고 있는 것 같은데

매일 장난감을 치워도
또 방 곳곳에 흩어져 있는 장난감들…
오늘도 나는 힘겹게 장난감들을 정리하고 있다.

생각지도 못한 기상천외한 딸의 말.

딸의 눈에 비친 나의 모습은 장난감을 치우고 있는 모습이 아니라
장난감을 가지고 노는 모습으로 보였던 것이다.

방 청소는 언제든 할 수 있으니
다시는 오지 않을 아이들과의 시간을 선택하기!

아이들과 함께 있는 시간과 공간에서 나의 일을 '따로' 하는 엄마보다
나의 일을 '같이' 하는 엄마가 되기!

제한된 시간을 가장 훌륭하게 투자하는 방법은
아이들과 함께 하는 시간을 최대한 충실하고
즐겁게 보내는 것이 아닐까.

엄마의 시간은 마냥 바쁘게만 살기에는 너무나 짧으니깐!

(네가 가르쳐 준 세상의 교훈들) **퍽퍽살**

이제는 치킨 한 마리를 시켜도 싸울 일이 없다.

퍽퍽 살 vs 닭 다리

맛있는 건 가장 나중에 먹기 vs 맛있는 거부터 먹기

엄마가 된 후로 가장 맛있는 것을
딸에게 양보하는 게 버릇이 되어 버렸다.
먹는 걸로 싸우지 않는 화목한 우리 집?!

네가 가르쳐 준 세상의 교훈들

조물주 위에 엄마

TV를 틀어도, 친구들을 만나도…
모두가 주식 얘기, 부동산 얘기, 비트코인 얘기뿐..

조물주 위에 건물주라더니…
'저 사람은 참 행복해 보인다.'

다른 사람과 비교하며 행복보다 불행을 더 크게 느끼던 순간.

약사가 건넨 비타민 C를 가진 딸은 세상을 다 가진 표정이다.
건물주보다 더 행복해 보이는 딸.

어쩌면 건물주 보다 훨씬 더 위에 있는 사람은
행복해하는 딸의 표정을 매일 볼 수 있는 나 자신 아닐까?

조물주 < 건물주 < 엄마

엄마 최종 'Winner'!

(네가 가르쳐 준 세상의 교훈들) ## 인생의 반창고

공원 산책을 하는데 갑자기 딸이 멈춰 섰다.
'잔디가 아파요.'라는 표지판을 보고 호주머니에서 뭔가를
주섬주섬 꺼낸다.

늘 들고 다니는 아기는 뽀로로 밴드를
아픈 표정의 잔디 그림 위에 부쳐 주는 딸.

잠시 후 밴드를 다 떼고 주변 청소까지 깔끔히 하는 딸.
이렇게 아이들의 이쁜 마음은 어른들의 상상을 초월한다.

'그거 아니? 너희들이 내 인생의 반창고란 걸!'

너와 함께, 화양연화

#행복하게해줘서_고마워
#내인생의_화양연화

 너와 함께, 화양연화

나의 선생님

세상에 나왔을 때 눈도 못 떴던 아이가

엄마, 아빠를 보며 방긋 방긋 웃고

"엄마, 아빠"라는 말만 했던 아이가

누가 요술을 부린 것처럼 나와 대화를 하게 된 순간.

세상의 말을 가르쳐 줬던 아이로부터
거꾸로 나는 세상의 아름다움을 배우기 시작했다.

 # 거울

어느 날 딸이 나에게 '버럭' 소리를 질렀다.

역시 아이는 부모의 거울이었다.
더 반짝거리는 거울이 되도록 매일 깨끗이 닦아야겠다.

너와 함께, 화양연화   **내가 할 거야**

뭐든지 내가 하겠다는 딸.
이제는 자기 자기주장이 생겨버린 나이가 되었다.

비록 비도 홀딱 맞고, 회사 출근 시간도 늦었지만
오늘도 나는 딸을 자기 주도적인 아이로 키웠다며 스스로를 위안한다.

딸! 기억해 주렴!
엄마가 내리는 비를 막아 줄 수는 없지만
비가 오면 항상 너의 우산이 되어 줄게!

너와 함께, 화양연화

아기 비

창밖에 비가 조금씩 내리는 어느 날이었다.

조금씩 내리는 비를 보며 딸은 계속 '엄마 비'를 찾기 시작했다.

이윽고 빗줄기가 굵어지기 시작하더니
딸은 '엄마 비'를 외치며 내 품에 꼭 안겼다.
걱정하지 마!
'엄마 비'는 '아기 비' 옆에 항상 있을 테니깐!

`너와 함께, 화양연화` **아이 눈높이에 맞출 것**

오늘따라 눈앞에 펼쳐진 풍경이 너무 이뻐 보였다.
운전 중이었지만 뒷좌석에 앉아 있는 딸에게
이 풍경을 꼭 보여주고 싶었다.

내가 보는 것을 딸은
도대체 왜 못 보는 것인지
답답한 마음에 뒤를 돌아보며 소리쳤다.

뒷좌석에 앉아 있는 딸을 보자마자 '아차'하는 생각이 들었다.
키가 너무 작아 창문 아래쪽에만 딸의 시선이 머물렀던 것이다.

- 엄마 반성문 -
때로는 딸의 눈 높이에서 세상을 바라볼 것!

 아이스크림

딸과 아이스크림을 먹고 있는데 갑자기 업무 전화가 걸려 왔다.

띠링띠링

엄마 빨리 전화받아. 아이스크림 내가 지키고 있을게~

고마워~ 딸~

불과 얼마 전까지만 해도 애들과 있을 때는
전화 통화 자체가 불가능했지만
이제는 딸이 엄마의 일을 이해해 주는 나이가 된 것 같다.

허둥지둥 전화를 끊고 딸에게 달려갔더니
딸은 다 녹아버린 아이스크림을 내민다.

어쩌면 행복도 아이스크림과 같지 않을까?
행복이 사르르 녹기 전에
빨리 인생의 달콤함을 느껴야겠다!

너와 함께, 화양연화

엄마 눈에 엄마가 보였으면 좋겠어

딸이 내 눈동자를 한참 바라보더니 묻는다.
그리곤 딸의 이어지는 대답.

엄마 눈에 엄마가 보였으면 좋겠다는 말은 과연 어떤 의미일까.
딸의 대답을 듣고 나서야 나는 딸의 말을 제대로 이해할 수 있었다.

'엄마 눈동자 속에 엄마가 보이면 엄마를 계속 볼 수 있다'는
딸의 기상천외한 대답.
이렇게 날 좋아해 주는 사람이 이 세상에 있을까?

그 순간 나는 눈물이 핑 돌고야 말았다.
딸은 내 눈동자 속에 뿌옇게 흐려진 자신의 모습을 보았을까.

부모는 자신의 눈동자 속에
아이의 어릴 적 모습을 담아 놓는다고 한다.

이렇게 이쁜 딸의 모습이 시간의 흐름 속에
뿌옇게 흐려지지 않도록
내 눈동자 속에 영영 담아 놓아야겠다.

(너와 함께, 화양연화) **콩닥콩닥 내 심장**

일과 육아일이 무한 반복되다 보니 쉽사리 피곤해진다.

딸이 자신의 무릎을 내어준다.
이어서 자신의 심장을 가리킨다.

딸의 무릎에 지친 몸을 기대니
'콩닥 콩닥' 딸의 작은 심장 소리가 들려온다.

딸의 심장소리를 들으니 피곤함이 싹 가시는 기분.

콩닥 콩닥.
아… 내 심장이 바로 너였구나…

너와 함께, 화양연화   **왕사탕**

엄마가 되고 나니 돈 걱정이 점점 커진다.

때로는 돈 걱정하느라 소소한 행복들을 놓칠 때가 많다.
돈은 행복의 목적이 아닌
행복을 위한 수단임을 딸을 통해 이렇게 또 배운다.
오늘은 돈 걱정 대신 딸의 왕사탕을 입안에 한가득 넣어야겠다.

-엄마의 다짐-
내가 가진 작은 것에 오늘 충분히 행복할 것!

너와 함께, 화양연화

부자가 되는 방법

딸이 내민 핑크퐁 은행의 아기 상어 돈.
순간 부자가 된 것 같은 이 느낌은 왜일까.

그랬다.
없다고 생각하면 없는 게 돈이고,
많다고 생각하면 많은 게 바로 돈이었다.

- 부자가 되는 가장 쉬운 방법 -

돈 걱정은 하지 말 것!
나를 핑크퐁 은행의 현금 부자라고 생각할 것!
없는 것에 집중하기 보다 있는 것에 집중할 것!
나를 부자로 만늘어준 딸에게 항상 감사할 것!

> 너와 함께, 화양연화

꽃봉오리

딸과 함께하는 산책길.
이쁘게 핀 꽃들을 보더니 딸이 발걸음을 멈췄다.
활짝 핀 꽃들 옆에 아직 피지 않은 꽃 한 송이를 보더니
억지로 꽃봉오리를 열려고 하는 딸.

필 때가 되면 정말 이쁘게 필 거라는 말을 듣고는
펼쳤던 꽃봉오리를 조심히 닫아주는 딸.

꽃들도 저마다 피는 계절이 다르듯이
사람도 저마다 피는 계절이 다르다.

딸이 이쁘게 꽃 필 수 있도록 최선을 다하는 엄마가 될 것!
그리고!
딸과 함께 하는 엄마 인생도 이쁘게 꽃 필 수 있도록
나라는 꽃에게도 꾸준히 물을 주고 잘 가꾸어나갈 것!

너와 함께, 화양연화   ## 칭찬 도장

집 청소를 하고 있는데 딸이 "엄마, 참 잘했어요" 라고 말하며
내 손바닥에 도장을 '꽝' 찍어준다.

'집안일을 해도 이렇게 칭찬해 주는 사람이 있구나.'
나는 누군가에게 칭찬을 받아본게 언제 였던가.

내 손바닥에 찍힌 칭찬 도장을 보니 수만가지 생각이 교차한다.

어쩌면 다른 사람이 나를 칭찬해주길 바라는 것 보다
내가 먼저 나에게 칭찬해 주는 것이 가장 필요한지도 모르겠다.
엄마는 아이를 키우고 칭찬은 나 자신을 키운다는 사실을 꼭 기억하자!

태어나서 가장 많이 참고, 일하고, 해내고 있는 당신!
오늘도 참 잘했어요!

> 너와 함께, 화양연화

에베레스트 산 정복

1년 전 오르막길.
쌍둥이 유모차를 끌며 힘들게 올라갔던 이 길.

딸의 '엄마는 할 수 있어'라는 말을 듣자마자
젖 먹던 힘까지 내며 가파른 오르막길을 올라가곤 했었다.
이건 마치 완전 군장 상태로 에베레스트산을 오르는 느낌이랄까.

1년 후 오르막길.
여전히 쌍둥이 유모차를 끌며 힘들게 올라가고 있는 이 길.

'엄마 힘들겠다'라고 말하며 유모차에서 내려달라는 딸.
불과 1년 전까지만 해도 나 혼자라 힘겹기만 했는데
이젠 4살 딸과 함께다.

내가 걷고 있는 이 길이 과연 1년 전과 똑같은 에베레스트산이었을까?

딸 덕분에 단 1년 만에 에베레스트산을 정복해 버렸다!

<선택 너와 함께, 화양연화>

지금이 젤 이쁠 때예요

딸의 어릴 적 사진들로 도배된 베스트 프렌드 단독방.

지금 내 옆에 있는 딸의 모습과
사진 속 딸의 과거 모습을 번갈아 보았다.
불과 얼마 전까지만 해도
아이들이 빨리 컸으면 좋겠다고 생각했던 때가 있었다.
그때는 "애들은 금방 금방 커요. 지금이 제일 이쁠 때예요."라는
육아 선배들의 말이 그렇게 크게 와닿지 않았다.

하지만 금세 커가는 아이들의 모습을 보고 있으면
왜 육아 선배들이 그런 말을 했는지 알 것 같기도 하다.

시간이라는 바람을 타고 흩어지고 있는 추억이란
아이를 붙잡고 싶은 마음이랄까.
먼 훗날 후회라는 감정이 남지 않도록 내가 해야 할 단 한 가지는
지금 딸과의 시간을 많이 만드는 것인지도 모르겠다.

오늘은 노트북과 핸드폰은 완전히 덮어버리는 걸로!

 **여행**

늘 걷던 길…
육아에 지쳐 땅만 보고 걷고 있던 어느 날.

계속 내 귓가에 맴도는 딸의 '아름답다'라는 말.
'고작 4살 밖에 안 된 딸이 아름답다는 단어를 어떻게 알지?'라는
궁금증에 고개를 들어 앞을 보았다.

쌍둥이 유모차를 끌며 매일 힘겹게 걷던 이 길은
딸의 말처럼 정말 아름다운 곳이었다.

멋진 풍경으로 가득한 영화 속 한 장면을
여행하고 있는 느낌이었다고나 할까.

육아가 힘들다는 핑계로 땅만 보며 걸었던 나는
정작 내 앞에 펼쳐진 멋진 광경들을 놓치며 나만의 여행을
스스로 망치고 있었다는 사실을 깨달았다.
이렇게 매일 나는 아이들과 멋진 곳을 여행하고 있었는데도 말이다.

'여'기 지금 '행'복을 '여행'이라고 한다.

지금 여기
지금 이 순간
나만의 멋진 '여행'을 즐길 것!

엄마에겐 아름다운 이곳보다
더 아름다운 아이들이 있으니!

 ## 봄눈

따뜻한 봄날.
딸은 '흰 눈'이 많이 내린다며 들떠 있었다.
내 눈에는 딸이 말하는 '흰 눈'이라는 게 전혀 보이지 않았다.

딸은 고사리 같은 손으로 벚꽃 나무를 가리키며 말했다.

따뜻한 봄날 내리던 '흰 눈'의 정체는
바람에 흩날리는 벚꽃 잎이었던 것이다.

아이는 이렇게 어른들이 놓치고 있었던 세상의 아름다움을 찾아준다.

딸!
아름다운 세상을 다시 볼 수 있게 만들어 줘서 고마워!

너와 함께, 화양연화 **천사**

매일 아침 눈을 뜨면 너무 행복하다.

내리쬐는 햇살.

햇살보다 더 따뜻한 아이들의 체온.

솜털같이 부드럽고 포동포동한 아기 발.

천사 같은 얼굴.

하늘에서 내려온 아기천사들을 매일 아침 만날 수 있음에
나는 너무 행복하다.

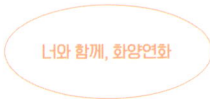 ## 어버이날 편지

어버이날, 편지 한통을 받았다.

태어나서 처음 받아보는 어버이날 편지.
딸의 작은 고사리 손으로 건넨 손 편지를 받으니 심장이 콩딱콩딱 뛴다.

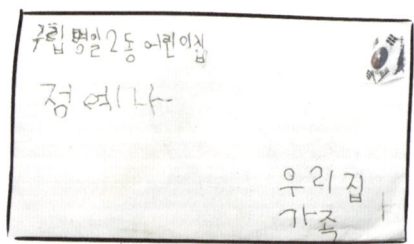

편지 봉투에는 '우리 집 가족'이라고
삐뚤삐뚤 그린 글씨가 적혀 있었다.
딸이 쓴 '가족'이라는 단어를 보니 기분이 참 묘하다.

잠시 후,
설레는 마음으로 편지 봉투를 조심스레 뜯어 보았다.

무슨 암호 같은데…도대체 무슨 뜻인지 하나도 모르겠다…

나만의 착각인지도 모르겠지만 딸이 적은 암호가
한 순간 내 눈에는 '엄마, 아빠 사랑해요.' 라고 보였다.

'엄마도 사랑해.' 라고 마음속 답장을 고이 보내 본다.

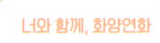 ## 글자를 배우기 시작한 나이

글자를 배우기 시작한 나이.
딸이 내가 알 수 없는 글자를 스케치북에 그리기 시작한다.

너무나 궁금한 나머지 딸에게 뭐라고 쓴 건지 물어보았다.

우리는 보통 엄마가 아이에게 사랑을 준다고 생각한다.
하지만, 어쩌면 가장 큰 사랑을 받는 건 아이가 아닌 이 책을 읽고 있는
당신 인지도 모르겠다….

에필로그

육아 때문에 힘들어하고 있는
누군가에게 보내는 편지

날씨가 너무 좋은 어느 날이었어요. 아이들과 산책을 하고 있는 중에 갑자기 천둥번개가 치면서 비가 내리는 것이었죠. 그런데 딸이 저에게 이렇게 물어보더라고요.

"엄마, 비가 오네. 무지개는 언제 나타나?"

딸의 질문을 받고 곰곰이 생각하다가 이런 말을 해줬어요.

"응, 날씨가 개면 무지개가 뿅 하고 나타날 거야~"

그런데 정말 신기하게도 비가 곧 그치고 무지개가 나타나더라고요. 잠시 이런 생각을 해봤어요. 어쩌면 우리네 인생도 이렇게 변덕스러운 날씨처럼 날씨가 맑았다가, 비가 내렸다가, 천둥번개가 쳤다가, 날씨가 갰다가 하는 게 아닐까 하고요. 그리고 결국 형형 색깔의 무지개가 '뿅' 하고 나타나게 되고요.

혹시나 지금 내 인생이 천둥번개가 치고 있는 것처럼 힘이 들다고 느껴진다면 이 책을 한번 꺼내들었으면 해요. 내 인생의 알록달록한 무지개를 미쳐 보지 못했다면 이 책을 통해 보았으면 좋겠어요.

저는 불과 얼마 전까지만 해도 육아와 일을 병행하면서 굉장한 스트레스를 받고 있던 사람이었어요. 일에 대한 속도를 내지 못하는 것에 대한 스트레스였죠. 이상하게 남들은 100킬로 정도로 쭉쭉 나가는 것 같은데 저의 속도는 10킬로 정도밖에 안 나가는 것 같아 너무 답답하더라고요.

이것이 진정 엄마의 속도인가, 왜 엄마의 속도는 느려야만 하는가라는 생각들을 하며 엄마의 인생을 잠시 원망하기도 했죠. 그런데 남들의 속도와 비교하는 순간부터 제 모습이 점점 비참해지더군요. 그러던 어느 날이었어요. 늘 그랬듯이 시간에 쫓겨 급하게 운전을 하다가 차 사고가 날뻔했죠. 그 순간 문득 깨달았어요. 목적지까지 항상 100킬로 속도로 가속 페달을 밟을 수 없다는 것을요. 100킬로로 계속 가다가는 사고가 나기 마련이라는 것을요.

어떤 때는 10킬로로 가다가 빨간 신호등을 보면 멈추기도 하고, 초록 신호등을 보면 속도를 냈다가, 그렇게 나만의 속도로 목적지까지 안전하게 가야 한다는 것을 깨닫게 되었어요. 일에 대한 욕심을 한 스푼 덜기로 마음을 고쳐먹고 아이들과 함께 하는 시간에 집중했더니 신기하게 아이들 '때문에'가 아이들 '덕분에'로 바뀌었어요. 어느 순간부터 아이들과 함께 하는 시간이 너무 소중하고 감사하고 또 행복해지더라고요. 아이들 '덕분에' 상처가 많았던 제 삶에 크고 작은 위로를 받기도 했고요.

화양연화, 인생에 가장 아름답고 찬란한 시절을 뜻한다고 하죠. 어쩌면 엄마 인생의 화양연화는 아이들과 함께 하는 시간들이 아닌가라는 생각이 들더라고요. 혹시나 저처럼 '지금' 자신의 속도가 느리다고 해서 많이 슬퍼하거나 좌절하지 않았으면 해요.

이 책이 마무리가 돼 갈 때 즈음 딸아이가 저에게 '모두 다 꽃이야'라는 동요 한 곡을 불러주더라고요. 딸이 흥얼거리는 노래 가사를 귀 기울여 듣고 있으니 눈물이 와락 하고 쏟아지더군요.

'봄에 피어도 꽃이고 여름에 피어도 꽃이고 몰래 피어도 꽃이고 모두 다 꽃이야. 아무 데다 피어도 생긴 대로 피어도 이름 없이 피어도 모두 다 꽃이야.'

너무나 힐링 되는 가사죠? 딸아이가 이 노래를 빌려서 마치 저에게 해주는 말 같더라고요. 이 노래 가사처럼 꽃이 피는 시기가 다 다르듯이 우리의 인생도 각자의 속도로 아름답게 피어날 거예요. 우리가 아이들의 꽃봉오리를 아름답게 피우기 위해 물도 주고, 거름도 주고, 따뜻한 태양도 비춰주듯이 우리 엄마들도 결국 아이들과 함께 아름답고 찬란한 인생의 꽃봉오리를 피우게 될 거예요. 아이들과 함께 꽃봉오리를 이쁘게 피워가며 우리 모두 지금, 그리고 여기서! 행복하기로 해요.

마지막으로 꼭 기억해 주세요.

당신은 이 세상 가장 아름다운 꽃이라는걸요!

가장 아름답고 찬란한 당신의 화양연화(花樣年華)!